AF143688

BEI GRIN MACHT SICH IHR WISSEN BEZAHLT

- Wir veröffentlichen Ihre Hausarbeit,
  Bachelor- und Masterarbeit

- Ihr eigenes eBook und Buch -
  weltweit in allen wichtigen Shops

- Verdienen Sie an jedem Verkauf

Jetzt bei www.GRIN.com hochladen
und kostenlos publizieren

Tanja Stramiello

Außerirdisches Leben - Gibt es Leben auf anderen Planeten? Ein Kurzvortrag

GRIN Verlag

Bibliografische Information der Deutschen Nationalbibliothek:

Die Deutsche Bibliothek verzeichnet diese Publikation in der Deutschen National-
bibliografie; detaillierte bibliografische Daten sind im Internet über http://dnb.d-
nb.de/ abrufbar.

Impressum:

Copyright © 1998 GRIN Verlag GmbH
Druck und Bindung: Books on Demand GmbH, Norderstedt Germany
ISBN: 978-3-656-24164-5

Dieses Buch bei GRIN:

http://www.grin.com/de/e-book/15461/ausserirdisches-leben-gibt-es-leben-auf-
anderen-planeten-ein-kurzvortrag

GRIN - Your knowledge has value

Der GRIN Verlag publiziert seit 1998 wissenschaftliche Arbeiten von Studenten, Hochschullehrern und anderen Akademikern als eBook und gedrucktes Buch. Die Verlagswebsite www.grin.com ist die ideale Plattform zur Veröffentlichung von Hausarbeiten, Abschlussarbeiten, wissenschaftlichen Aufsätzen, Dissertationen und Fachbüchern.

Besuchen Sie uns im Internet:

http://www.grin.com/

http://www.facebook.com/grincom

http://www.twitter.com/grin_com

Außerirdisches Leben

Gibt es Leben auf anderen Planeten?

Inhaltsverzeichnis

Einleitung

Die Frage, ob unser Planet als einziger im Universum Leben hervorgebracht hat, beschäftigt die Menschen seit jeher. Doch bei der Beantwortung dieser Frage scheiden sich die Geister. Die einen, wie z.B. Jacques Monod, der den Menschen als einen „Zigeuner am Rande des Universums" bezeichnet, halten die Entstehung von Leben auf anderen Planeten für unwahrscheinlich. Andere wiederum halten dies jedoch nicht für ausgeschlossen.

Doch wenn es Leben auf anderen Planeten gibt, wie könnte dies aussehen? In Filmen begegnen uns stets Lebensformen, die eine menschenähnliche Gestalt und den Willen zur Kontaktaufnahme besitzen. Welche Lebensformen könnten wir jedoch auf anderen Planeten erwarten? Welche Voraussetzungen benötigt Leben überhaupt, um sich zu entwickeln? Selbst wenn Leben auf anderen Planeten existiert, wie können wir es ausfindig machen und werden wir jemals den Kontakt aufnehmen können?

Sicher ist, daß heute für einen Großteil der Menschen die Existenz außerirdischer Lebensformen wahrscheinlicher erscheint, als deren Nichtexistenz. So sind Ufosichtungen, Begegnungen mit Außerirdischen und Berichte über angebliche Ufoabstürze an der Tagesordnung. Auf alle diese Berichte werde ich in diesem Referat jedoch nicht eingehen.

1. Voraussetzungen für die Entstehung des Lebens

1.1 Das Universum

Wenn man der Frage nachgeht, ob außerirdisches Leben existiert, ist es unabläßlich einen Blick auf unser Universum zu werfen.

Das Universum entstand durch eine gewaltige Explosion, dem „Urknall", bei der Wasserstoff, Helium und Elektronen frei wurden. Aus diesen Elementen bildeten sich langsam Spiralnebel, in denen sich schließlich der Staub durch Schwerkraft zu Planeten und Sternen verdichtete. Allein in unserer Galaxie gibt es rund 400 Milliarden Sterne. Um unsere Milchstraße herum gibt es Milliarden von Galaxien, von denen einige bis zu 3 Billionen Sterne umfassen. Und es bilden sich ständig neue Planeten und Sterne, wobei aber auch ständig Sterne „sterben", indem sie als Supernova oder weißer Zwerg enden.

Wenn ein Stern in einer Supernova-Explosion endet, dann liefert er damit wichtiges Rohmaterial für die Entstehung von Leben, denn bei der Explosion werden schwere Elemente frei (die ganze Reihe vom Kohlenstoff bis zum Uran). Außerdem werden durch die Explosion Atome und Elemente mit bis zu 99,9 % der Lichtgeschwindigkeit und schneller durch das Weltall geschleudert. Diese kosmische Strahlung, die unsere Atmosphäre fast vollständig abhält, bewirkt, wenn sie die Erde doch erreicht, Mutationen, die für die Entwicklung des Lebens auf der Erde wichtig waren. Durch Mutation entwickelten sich neue Arten, weshalb die Strahlung der Supernovä wohl eine wichtige Stellung im Verlauf unserer Evolution einnimmt.

1.2 Sterne

Nicht jeder Stern bietet gute Voraussetzungen für die Entstehung von Leben. Von großer Bedeutung ist z.B. seine Leuchtkraft. Denn ist seine Leuchtkraft zu gering, dann bietet er seinen Planeten nicht genug Wärme. Ist seine Leuchtkraft jedoch zu hoch, dann endet der Stern als weißer Zwerg oder roter Riese, bevor Leben entstehen kann. In beiden Fällen wäre also eine Entwicklung von Leben unmöglich.

Es ist also nicht nur die Leuchtkraft eines Sternes ausschlaggebend, sondern, damit verbunden, auch seine Lebensdauer. Eine zu hohe Masse bewirkt, daß die Leuchtkraft hoch und damit die Lebensdauer gering bleibt. Die Masse eines Sternes darf deshalb nicht höher als das 1,5 fache unserer Sonne sein, denn auf der Erde brauchte das Leben Milliarden von Jahren, um zu erscheinen und sich über das Stadium einzelliger Organismen hinaus zu entwickeln.

Natürlich muß der Stern über Planeten verfügen, die um ihn kreisen, denn alle guten Voraussetzungen, die ein Stern bietet nützen nichts, wenn kein Ort in seiner Umgebung existiert, dem dies zuträglich ist.

1.3 Planeten

Damit Leben auf einem Planeten entstehen kann, benötigt dieser die richtige Größe. Kleine Planeten können bei ihrer Entstehung die leichtesten Gase, Wasserstoff und Helium, nicht festhalten. Dieser

Vorgang wird noch durch Nähe zur Sonne und der damit verbundenen Erwärmung unterstützt. Planeten, die weiter von der Sonne entfernt sind, haben die leichten Gase nicht verloren und sind damit weiter angewachsen, was ihre Masse erheblich vergrößerte.

Es ist deshalb zu erwarten, daß auch in anderen Sonnensystemen innere Planeten steinig und dicht sind und äußere eher verdünnt und gasförmig. Die äußeren Planeten ähneln damit in ihrer Zusammensetzung der kosmischen Materie im allgemeinen, während sich die inneren Planeten davon deutlich unterscheiden. Statt der ursprünglichen Atmosphäre hat sich hier, nach dem Entweichen der leichten Gase, eine sekundäre Atmosphäre gebildet. Diese Atmosphäre, die zum großen Teil aus Kohlendioxid bestand, bewirkte, daß die Erde sich durch eine Art Treibhauseffekt erwärmte und somit ein gemäßigtes Klima hervorbrachte. Außerdem hielt sie die kosmische Strahlung zum größten Teil ab, welche sonst tödliche Folgen für jede Art sich entwickelnden Lebens gehabt hätte.

Auch ein richtiger Abstand zur Sonne ist wichtig, da die Erde sonst zu warm, bzw. zu kalt geworden wäre. Die bewohnbare Zone um einen Stern nennt man *Ökosphäre*, welche im Fall unseres Sonnensystems das 0,7 - 2,0 fache der Entfernung der Erde zur Sonne umfaßt, bzw. , in diesem Fall, einen Temperaturbereich zwischen -108 und +100°C. Dies hängt jedoch auch entscheidend von der Leuchtkraft des Sternes ab. Ist seine Leuchtkraft zu gering, dann besteht die Gefahr, daß die Ökosphäre zu eng ist, der Planet dadurch zu nahe am Stern läge, und dadurch die Schwerkraft und Rotation des Planeten eine „gebundene Rotation" erzeugen würden. Dann bliebe immer eine Seite des Planeten dem Stern zugewandt, wie z. B. im Falle unseres Mondes. Unter diesen Voraussetzungen wäre die Entstehung von Leben eher unwahrscheinlich.

Der Mond übernimmt ebenfalls eine wichtige Funktion für die Entstehung des Lebens. Er verleiht der Ausrichtung der irdischen Umdrehungsachse Stabilität. Gäbe es ihn nicht, dann würde die Erdachse pendeln, was großräumige Klimaveränderungen mit sich bringen würde und dies hätte zur Folge, daß alles sich entwickelte Leben getötet worden wäre, denn gleichbleibende Temperaturen sind für die Entstehung des Lebens unablässig. Außerdem erzeugt er auf der Erde Gezeiten und es wird angenommen, daß sich durch das Füllen und Entleeren nährstoffreicher Lagunen Verbindungen konzentrierten und durch Polymerisation größere Moleküle aufbauten. Also Vorstufen des Lebens, in der sogenannten *Ursuppe*, das heute unseren Planeten bevölkert. Ein Planet benötigt also unbedingt mindestens einen ausreichend großen Mond, der ihm die nötige Stabilität verleiht.

Für diese erste Bildung von Polymeren war eine Flüssigkeit nötig, die Moleküle befördern und konzentrieren kann. In diesem Fall handelt es sich um Wasser. Außerdem sind Landmassen, also eine feste Oberfläche, nötig um die herum überhaupt erst Lagunen entstehen können.

2. Merkmale des Lebens

2.1 Kennzeichen des Lebens

Wenn wir auf anderen Planeten nach Leben suchen, dann müssen wir uns natürlich klar machen, was Leben ist, bzw. woran wir dies erkennen.

Als lebendig bezeichnen wir materielle Systeme, die über einen Stoffwechsel verfügen und einen Stoff- und Energieaustausch mit ihrer Umgebung betreiben, die wachsen, die in Wechselwirkung mit anderen Organismen stehen, eine Reizbarkeit aufweisen und die zur Fortpflanzung sowie zur Weiterentwicklung, im Sinne der Evolution, fähig sind.

2.2 Bausteine des Lebens

Wenn wir nach Leben auf anderen Planeten suchen, auf welcher molekularen Basis wäre dies aufgebaut? Auf unserem Planeten sind 95% der belebten Materie aus nur vier Elementen zusammengesetzt: Wasserstoff, Sauerstoff, Kohlenstoff und Stickstoff. Würde Leben auf anderen Planeten auf den gleichen Elementen aufbauen oder wären vielleicht auch andere Elemente denkbar?

Tatsache ist zunächst, daß der Staub, der im Weltall gleichmäßig verteilt ist und in Molekülwolken in verdichteter Konzentration auftritt, zum größten Teil aus Silizium, Kohlenstoff- und Sauerstoffatomen evtl. mit einem Mantel aus Wasserstoff und Wasserstoffmolekülen besteht.

Leben auf der Erde basiert also in seiner Struktur zum großen Teil auf Molekülen, die im Weltall häufig vorkommen.

Wir können natürlich bei der Überlegung, auf welcher Basis Leben auf anderen Planeten aufgebaut ist, nur von uns bekanntem Leben ausgehen - dem auf der Erde -, dennoch lassen sich hier Schlüsse ziehen, die durchaus auch auf andere Planeten anzuwenden sind.

Auf der Erde benutzt die Chemie und bekannten Lebens als Grundeinheit aller Strukturen Kohlenstoff, um komplizierte Moleküle aufzubauen. Wasser wird dabei als Lösungsmittel verwendet.

Leben benötigt also für seine Entstehung Kohlenstoff und Wasser, wobei aber auch eine bestimmte Temperatur notwendig ist, nämlich ein Bereich zwischen 0 bis 100°C, also der Bereich, in dem das

Lösungsmittel Wasser einen flüssigen Zustand aufweist.

Wären aber vielleicht auch ein anderer Baustoff und ein anderes Lösungsmittel für den Aufbau von Leben denkbar?

Wenn wir Kohlenstoff ersetzen wollen, dann benötigen wir ein verhältnismäßig häufig vorkommendes Element, das sich, wie Kohlenstoff, mit vier Wasserstoffatomen zu einem stabilen Molekül verbinden kann. Silizium würde diese Voraussetzungen erfüllen, denn es kommt häufig vor und kann sich mit vier Wasserstoffatomen zu Silan binden. Doch die Bindung zwischen zwei Siliziumatomen ist nur halb so stark, wie die zwischen zwei Kohlenstoffatomen und kann deshalb bei Belastung durch chemische Reaktionen doppelt so leicht brechen.

Dazu kommt noch, daß die Bindungsformen zwischen Silizium und Wasserstoff oder Silizium und Sauerstoff stärker sind, als die der Siliziumatome untereinander. Beim Kohlenstoff sind diese Bindungen etwa gleich stark. Deshalb sind längere Ketten auf Siliziumbasis im Gegensatz zur Kohlenstoffbindung eher instabil. Man könnte diesen Nachteil des Siliziums umgehen, indem man lange Molekülketten aus Verbindungen zwischen Silizium und Sauerstoff herstellt, anstatt zwischen Siliziumatomen untereinander. Solche Polymere nennt man Silikone. Diese sind in ihrer Bindung zwar stabil und bieten vielfältige chemische Möglichkeiten, zeigen jedoch nur geringe Neigung mit anderen Molekülen zu reagieren.

Der Hauptnachteil des Siliziums besteht jedoch in seiner Empfindlichkeit gegenüber Sauerstoff. Denn unterhalb 1000°K bildet Silizium Siliziumdioxid, nicht Silan, und läßt sich in diesem Zustand nur noch sehr schwer zersetzen. Kohlendioxid dagegen bleibt selbst bei sehr tiefen Temperaturen (bis zu -75° C) gasförmig, wasserlöslich und kann verhältnismäßig leicht in seine Bestandteile Kohlenstoff und Sauerstoff zerlegt werden, während Siliziumdioxid nur bei hohen Temperaturen über 800°C gasförmig bleibt und nur unter Einsatz hoher Energie in Silizium- und Sauerstoffatome aufgebrochen werden kann.

Leben auf Siliziumbasis ist daher unwahrscheinlich. Diese Annahme wird noch dadurch gestärkt, daß bisher weder in Kometen, in Meteoriten, im interstellaren Raum, in der Atmosphäre von Planeten, noch in den äußeren Schichten kälterer Sterne bisher Silikone oder Silane gefunden wurden. Man findet dort eher Silikate, Moleküle mit oxidiertem Silizium. Und obwohl auf der Erde Silizium häufig vorkommt, haben sich hier keine Lebensformen auf Siliziumbasis gebildet. Auch diese Tatsache spricht eher gegen eine Existenz fremder Siliziumwesen auf anderen Planeten.

Ein anderer Baustoff als Kohlenstoff als Grundlage des Lebens ist also eher unwahrscheinlich. Allerdings wäre es revolutionär, wenn auf der Erde ein bisher unbekanntes Siliziumwesen entdeckt werden würden. Denn damit wäre der Beweis erbracht, daß sich Silizium doch als Baustoff eignet. Gäbe es aber vielleicht eine Möglichkeit das Lösungsmittel Wasser zu ersetzen?

Betrachten wir zunächst die Voraussetzungen, die ein Lösungsmittel erfüllen muß, damit sich Leben entwickeln kann. Ein gutes Lösungsmittel muß über einen großen Temperaturbereich flüssig bleiben, damit wechselnde Umweltbedingungen (z.B. Jahreszeiten) es nicht zum Gefrieren oder Kochen bringen. Diese Temperaturspanne sollte in einem Bereich liegen, in dem chemische Reaktionen mit einer Geschwindigkeit ablaufen, in der die Moleküle noch nicht mit so heftiger Wucht aufeinanderprallen, daß sie zerbrechen. Das Lösungsmittel sollte die Organismen in ihrer Wärmeregulation unterstützen und die Fähigkeit haben etwas aufzulösen, damit es Organismen zum Transport von Nahrung und Abtransport von Schlacken nutzen können.

Außer Wasser erfüllen Ammoniak und Methylalkohol diese Bedingungen, wobei sie auch aus Elementen bestehen, die am häufigsten im Weltall vorkommen.

Der Temperaturbereich des Wassers wurde oben schon besprochen. Ammoniak besitzt einen Temperaturbereich, in dem es flüssig bleibt, von -78 bis -33°C, wobei er bei Methylalkohol bei -94 bis +65°C liegt. Damit ist der Temperaturbereich des Methylalkohols dem des Wassers nahezu ebenbürtig.

Eine gute Wärmeregulation hängt einerseits von der spezifischen Wärme und andererseits von der Verdampfungswärme des Lösungsmittels ab. Ein geeignetes Lösungsmittel sollte eine große spezifische Wärme, um den Einfluß größerer Änderungen der Außentemperatur auf den Organismus gering zu halten, und eine möglichst große Verdampfungswärme besitzen, um den Einfluß plötzlicher Temperaturveränderungen auf den physikalischen Zustand des Lösungsmittels geringzuhalten.

Die quasi konstante Körpertemperatur der menschlichen Wesen von 37°C zeigt, wie gut die Wärmeregulierung unseres Körpers mit Wasser funktioniert. Und diese Wärmeregulation ist auch die Vorbedingung für das ordentliche Funktionieren chemischer Reaktionen im Gehirn. Bietet also eine wichtige Voraussetzung dafür, daß sich intelligentes Leben entwickeln kann.

Die Fähigkeit des Wassers, verschiedenste chemische Verbindungen zu lösen, ist außerdem doppelt so groß wie die des Ammoniaks oder des Methylalkohols.

Wasser verfügt außerdem über die außergewöhnliche Eigenschaft seine größte Dichte bei 4°C zu besitzen. Bei Temperaturen darüber, wie darunter nimmt seine Dichte ab. Das hat den Vorteil, daß beim Zufrieren eines Sees z.B. 4°C warmes Wasser nach unten sinkt und Gefrorenes, weil niedrigere

Dichte, oben schwimmt. Dadurch frieren unsere Gewässer im Winter nicht zu und viele Lebewesen können in ihnen den Winter überstehen. Ein See aus Ammoniak, bei dem die Dichte mit abnehmender Temperatur zunimmt, würde komplett durchfrieren.

Die Eigenschaften des Wassers als Lösungsmittel sind also besser als die der beiden anderen und es ist anzunehmen, daß Planeten mit Wasser die besten Möglichkeiten für die Entstehung von Leben bieten.

2.3 Möglichkeiten, um Leben zu finden

Wie können wir Leben auf anderen Planeten erkennen, bzw. finden?

Es haben sich im letzten Jahrhundert vier Möglichkeiten herauskristallisiert, wie man Leben auf anderen Planeten finden kann: Die erste Möglichkeit besteht darin, den Planeten von der Erde aus nach größeren Veränderungen abzusuchen, die sich auf die Tätigkeit einer Zivilisation zurückführen lassen. Dies kommt jedoch nur für Planeten in unmittelbarer Nähe in Betracht. Die zweite Möglichkeit besteht darin, Radiofrequenzen auf Signale fremder Zivilisationen abzuhören. Zusammensetzungen der Planetenatmosphäre mit modernen spektroskopischen Methoden zu analysieren, um subtile Veränderungen durch vorhandenes Leben zu finden (z. B. große Mengen Sauerstoff und kleinere Mengen Methan in der Atmosphäre), stellt die dritte Möglichkeit dar. Und schließlich können wir, viertens, den Planeten aufsuchen und dort Versuche durchführen, um größere und mikroskopische Lebewesen aufzuspüren.

Wenn die Lebewesen weit entwickelt sind, sollte es vor Ort keine großen Schwierigkeiten bereiten, sie zu erkennen (spätestens dann nicht, wenn sie uns zur Begrüßung Steine an den Kopf werfen). Doch welche Möglichkeiten gibt es, Leben auf mikroskopischer Ebene nachzuweisen?

Wichtig sind schon sorgfältige Vorbereitungen, wenn eine Sonde auf einen fremden Planeten entsandt wird, um Versuche zum Nachweis von Mikroorganismen durchzuführen. Die Sonde muß vorab gründlich Sterilisiert werden, damit sie nicht irdische Bakterien nachweist und die Bodenproben sollten, aus ähnlichen Gründen, möglichst nicht aus ihrer unmittelbaren Umgebung entnommen werden.

Drei Mögliche Experimente sollen im folgenden vorgestellt werden: der Gasaustausch (GEX), die Isotopenabgabe (LR) und die pyrolytische Abgabe (PR), die auf der Annahme basieren, daß Leben auf anderen Planeten ebenfalls auf Wasser und Kohlenstoff aufgebaut ist. Außerdem stellen sie indirekte Versuche zum Nachweis von Leben dar, da hier nicht die Mikroorganismen selbst, sondern deren Spuren nachgewiesen werden können.

Im GEX-Versuch wird eine Bodenprobe mit mehreren *wahrscheinlichen* Nährstoffen zusammengebracht. Werden Veränderungen in der Zusammensetzung des Gases über der Probe festgestellt, dann könnte dies Ausdruck von Lebensprozessen der Mikroorganismen sein.

In dem LR-Versuch wird Kohlenstoff einer Anzahl von organischen Verbindungen durch ein radioaktives Kohlenstoffisotop ersetzt. Diese Mischung wird auf die Bodenprobe getropft und die Gase oberhalb der Probe auf radioaktive Verbindungen untersucht.

Für den PR-Versuch verbleibt der Boden in einer Umgebung, die der Planetenoberfläche gleicht, wobei aber die Gase im Versuchsgefäß durch einen Zusatz von Kohlendioxid und Kohlenmonoxid markiert werden und das Kohlenstoffatom durch ein radioaktives Isotop ausgetauscht wird. Nach einiger Zeit wird der Boden auf 750°C erhitzt, die entweichenden Gase aufgefangen und mit einem Geigerzähler gemessen. Wenn radioaktive Kohlenstoffatome nachgewiesen werden können, dann deutet das auf Mikroorganismen hin, die diese vorher aufgenommen haben.

Alle drei Versuche wurden auf dem Mars durchgeführt und waren somit auf seine Chemie abgestimmt. Für Versuche auf anderen Planeten könnten deshalb leichte Versuchsabänderungen nötig sein.

3. Formen des Lebens auf anderen Planeten

3.1 Denkbare Orte

Man kann natürlich an den unterschiedlichsten Orten des Universums Leben erwarten. So z.B. in Neutronensternen, wobei dieses Leben jedoch nur in einer anderen Zeitskala existieren könnte und innerhalb einer Millionstel Sekunde erscheinen und wieder sterben würde. Normalerweise sind jedoch Millionen von Jahren nötig, damit sich überhaupt erst Vorstufen des Lebens entwickeln.

Somit scheiden auch Planeten aus, die einfach noch nicht alt genug sind, um Leben hervorgebracht zu haben, wie z.B. der Orion-Nebel, dessen Sterne erst einige 100.000 Jahre alt sind.

Auch Leben in Form „schwarzer Wolken" wäre vorstellbar, die die Energie des Sternenlichtes nutzt und mittels elektromagnetischer Impulse denkt und fühlt. Doch die Dichte der Materie im interstellaren Raum ist so gering, daß Wechselwirkungen zwischen den Teilchen dort sehr viel langsamer ablaufen würden, als z.B. auf der Erde. Das hat zur Folge, daß hier die Entstehung des Lebens eine längere Zeit in Anspruch nehmen würde, als seit der Entstehung des Universums.

Deshalb bleiben   geeignete Planeten (oder Monde - siehe *3.2*) mit den in *1* genannten Voraussetzungen die wahrscheinlichsten Orte für die Entstehung von Leben.

3.2 Denkbare Lebensformen

Es können natürlich vielfältige Formen des Lebens auf anderen Planeten existieren, denn zunächst einmal prägt der Ort das Leben, das er hervorbringt, wie z.b. die Größe oder auch die Vielfalt.

Ist jedoch intelligentes Leben zu erwarten? Leben benötigt 3 - 6 Milliarden Jahre, um Intelligenz hervorzubringen. Wenn man betrachtet, welche Bedingungen erfüllt sein müssen, damit Leben überhaupt so lange „überlebt", erscheint es recht unwahrscheinlich im Universum auf intelligente Lebensformen zu stoßen. Dennoch kann dies nicht ausgeschlossen werden.

Wahrscheinlicher sind jedoch Formen   früherer Entwicklungsstadien, wie z.B. Prokarionten. Zu diesen zählen Bakterien und Blaualgen, die auch hier auf der Erde die ersten Lebensformen bildeten. In unseren Ozeanen gibt es in der Tiefsee Bakterien, die bei den sogenannten „weißen" und „schwarzen Rauchern", Schlote vulkanischen Ursprungs, ohne Sonnenlicht leben und sich nur von Schwefel ernähren. Die Existenz solcher Bakterien wird zur Zeit für Europa, einem der Jupitermonde, in Betracht gezogen. Man vermutet unter der Eisdecke die ihn bedeckt, einen riesigen Ozean, in dem sich durchaus eine Art ähnlicher Bakterien an heißen Unterwasserquellen entwickelt haben könnte, da man annimmt, daß auch auf der Erde solche Bakterien die ersten Lebensformen bildeten.

4. Kontaktaufnahme

Nehmen wir mal an, auf anderen Planeten hat sich tatsächlich intelligentes Leben entwickelt. Wäre es uns möglich mit der anderen Kultur in Kontakt zu treten? Eine wichtige Voraussetzung wäre natürlich, daß die andere Kultur an einer Kommunikation überhaupt Interesse hat. Doch selbst wenn, wäre ein Kontakt äußerst schwierig. Wir können kaum erwarten, daß außerirdische Intelligenzen per Raumflug bei uns vorbeischauen, denn für die Entfernung zwischen den Sternen werden Jahrhunderte benötigt. Selbst wenn es möglich wäre ein Raumschiff fast auf Lichtgeschwindigkeit zu beschleunigen, ergebe sich das Problem, daß der Raumfahrer zwar nur relativ kurze Zeit unterwegs wäre, doch auf seinem Heimatplaneten würde die Zeit viel schneller ablaufen. Er würde also z.B. in 30 Jahren eine Entfernung von 480 Parsec (1 Parsec = 3/4 Lichtjahre oder 300 Billionen Kilometer), das wäre die Entfernung zum Orion-Nebel, überwinden können, doch auf seinem Heimatplaneten würden inzwischen 3100 Jahre vergehen. Kein Astronaut würde diese Konsequenz auf sich nehmen und keine Kultur würde ein Raumschiff losschicken, das erst in 3100 Jahren mit Nachricht zurückerwartet wird.

Die wahrscheinlichste Art der Kontaktaufnahme besteht in der Sendung von Nachrichten oder, wie die NASA es bereits tat, darin Sonden loszuschicken, die Nachrichten mit sich führen.

Trotzdem bleibt auch diese Kontaktaufnahme schwierig, denn eine Kultur müßte sich auf dem gleichen technischen Stand oder einem höheren, als wir ihn besitzen, befinden, um Nachrichten empfangen oder senden zu können. Selbst wir verfügen erst seit 70 Jahren über die Möglichkeit Rundfunksignale zu senden. Unsere Signale werden darüber hinaus erst in 400 Jahren ca. 1.000.000 Sterne erreichen. Selbst wenn in diesem Bereich irgendwo eine Kultur existiert, die in der Zwischenzeit nicht schon wieder verschwunden, bzw. sich gar nicht erst über ein primitives Stadium hinausentwickelt hat, und tatsächlich Antworten kann und will, dann wäre die Kommunikation doch eher etwas langwierig.

Nur unter anderen Zeitmaßstäben, wie sie eine Kultur aufweisen könnte, die sich aus Unsterblichen oder quasi Unsterblichen zusammensetzt, wäre Kontakt in Form von Raumflug, durch deren Besuche, oder Funksignalen denkbar. Doch vorerst bleibt diese Annahme Science Fiction.

Zusammenfassung

Wie aus den Ausführungen deutlich wird, benötigt Leben eine Vielzahl von Voraussetzungen, um sich entwickeln zu können. Ob Leben auf anderen Planeten existiert, konnte bis dato zwar noch nicht nachgewiesen werden, dennoch kann man dies jedoch auch nicht ausschließen.

Wenn man bedenkt, über welch eine komplexe Struktur schon allein ein einzelliges Lebewesen verfügt und welch großer Zeitraum für dessen Entstehung nötig ist, dann mag es fast unwahrscheinlich erscheinen, daß Leben anderswo entstanden ist. Betrachtet man jedoch die Fülle der Sterne, die im Universum existieren, angesichts der Tatsache, daß selbst für einen Mond in unserem Sonnensystem - Europa - die Existenz von Leben auf mikrozellularer Ebene nicht mehr ausgeschlossen wird, dann mag nicht auszuschließen sein, daß sich anderswo Leben, und seien es nur Mikroorganismen, entwickelt hat, bzw. entwickeln wird.

Ob jedoch jemals eine Kontaktaufnahme möglich sein wird, ist zu bezweifeln. Erst recht dann, wenn wir es z. B. mit Bakterien zu tun haben, mit denen eine Kontaktaufnahme doch eher schwer vorstellbar wäre.

Literaturverzeichnis

Goldsmith, Donald/ Owen, Tobias: Auf der Suche nach Leben im Weltall. Stuttgart: Hirzel 1984, 2. Aufl. .

Davoust, Emmanuel: Signale ohne Antwort? Die Suche nach Ausserirdischem Leben. Berlin: Birkhäuser 1993.

Monod, Jacques: Zufall und Notwendigkeit. Philosophische Fragen der modernen Biologie. München/Zürich: Piper 1996.

Kaplan, Reinhard W.: Der Ursprung des Lebens. Biogenetik, ein Forschungsgebiet heutiger Naturwissenschaft. Stuttgart: dtv 1978, 2., überarb. Aufl. .

Engeln, Henning: Lebt da draußen was? In: Geo; 1/98, S 83 ff.

Michaelis, Harald: Die sieben Stufen zum Leben. Unser Ursprung zwischen Himmel und Hölle. In: Bild der Wissenschaft; Jan. 1998, S. 68 ff.

Vaas, Rüdiger: Der Streit um die Einmaligkeit. Das Leben - nur ein Zufallstreffer in der kosmischen Lotterie? In: Bild der Wissenschaft; Jan. 1998, S. 76 f.

Knapp, Wolfram: Mutter Erde - Vater All? Unsere Wiege stand vielleicht in kosmischen Dunkelwolken. In: Bild der Wissenschaft; Jan. 1998, S. 78 f.

Kobbe, Bruni: Im Himmel und auf Erden. Die NASA sucht den Ursprung des Lebens. In: Bild der Wissenschaft; Jan. 1997, S. 34.